Zhongguo Wenhua
Zhishi Duben

中国文化知识读本

布达拉宫

主编 金开诚

编著 杨 林

吉林出版集团有限责任公司

吉林文史出版社

图书在版编目（CIP）数据

布达拉宫 / 杨林编著 .—长春：吉林出版集团有
限责任公司：吉林文史出版社，2010.6（2022.1重印）
（中国文化知识读本）
ISBN 978-7-5463-3343-4

Ⅰ.①布… Ⅱ.①杨… Ⅲ.①布达拉宫－简介 Ⅳ.
① K928.75

中国版本图书馆 CIP 数据核字（2010）第 121936 号

布达拉宫

BUDALAGONG

主编/金开诚 编著/杨林

责任编辑/曹恒 崔博华 责任校对/刘姝君

装帧设计/曹恒 摄影/金诚 图片整理/王贝尔

出版发行/吉林文史出版社 吉林出版集团有限责任公司

地址/长春市人民大街4646号 邮编/130021

电话/0431-86037503 传真/0431-86037589

印刷/三河市金兆印刷装订有限公司

版次/2010 年 6 月第 1 版 2022 年 1 月第 4 次印刷

开本/650mm×960mm 1/16

印张/8 字数/30千

书号/ISBN 978-7-5463-3343-4

定价/34.80元

关于《中国文化知识读本》

　　文化是一种社会现象，是人类物质文明和精神文明有机融合的产物；同时又是一种历史现象，是社会的历史沉积。当今世界，随着经济全球化进程的加快，人们也越来越重视本民族的文化。我们只有加强对本民族文化的继承和创新，才能更好地弘扬民族精神，增强民族凝聚力。历史经验告诉我们，任何一个民族要想屹立于世界民族之林，必须具有自尊、自信、自强的民族意识。文化是维系一个民族生存和发展的强大动力。一个民族的存在依赖文化，文化的解体就是一个民族的消亡。

　　随着我国综合国力的日益强大，广大民众对重塑民族自尊心和自豪感的愿望日益迫切。作为民族大家庭中的一员，将源远流长、博大精深的中国文化继承并传播给广大群众，特别是青年一代，是我们出版人义不容辞的责任。

　　《中国文化知识读本》是由吉林出版集团有限责任公司和吉林文史出版社组织国内知名专家学者编写的一套旨在传播中华五千年优秀传统文化，提高全民文化修养的大型知识读本。该书在深入挖掘和整理中华优秀传统文化成果的同时，结合社会发展，注入了时代精神。书中优美生动的文字、简明通俗的语言、图文并茂的形式，把中国文化中的物态文化、制度文化、行为文化、精神文化等知识要点全面展示给读者。点点滴滴的文化知识仿佛繁星，组成了灿烂辉煌的中国文化的天穹。

　　希望本书能为弘扬中华五千年优秀传统文化、增强各民族团结、构建社会主义和谐社会尽一份绵薄之力，也坚信我们的中华民族一定能够早日实现伟大复兴！

目录

一、布达拉宫的美丽传说

雄伟的布达拉宫

在神秘的青藏高原，有一组当今世界海拔最高、规模最大的宫殿式建筑群，它就是雄伟壮丽的藏传佛教宫堡建筑——布达拉宫。

"布达拉"，是梵语的音译，又译作"普陀罗"或"普陀"，原指观世音菩萨所居之岛，因而布达拉宫俗称"第二普陀罗山"。布达拉宫是西藏的骄傲，在西藏这块超脱、清新的土地上，布达拉宫留给了后人太多的感动。

（一）文成公主联姻吐蕃

布达拉宫虽然是藏传佛教典型的宫堡建筑，但同时也保留有汉族建筑雕花梁柱等特色，它是一千三百多年前藏汉联姻留下的印迹，同时也是藏汉民族团结的历史见证。无论是藏族还是汉族，人们都在传说着一千三百多年前那个美丽的故事。

7世纪，西藏当时正处于吐蕃王朝时期，藏王松赞干布勤政爱民，吐蕃日益强大。这时候，正是唐太宗贞观年间，松赞干布非常羡慕唐朝的文化，要和唐朝建立友好的关系。634年，他第一次派遣使臣前往长安访问。唐太宗很快就派使臣回访，从此，汉藏两族的关系就越来越亲密了。

不久，松赞干布派使臣带着丰盛的礼物，到唐朝向皇室求亲，唐太宗没有同意。

布达拉宫侧影

布达拉宫的美丽传说

法王殿内的松赞干布像

使臣回到吐蕃，怕受到惩罚，编了一通假话，说："我刚到唐朝的时候，受到隆重的欢迎，他们同意将公主嫁给大王。后来吐谷浑王也来求婚，唐朝天子又不同意了。看来一定是吐谷浑王在中间说了坏话。"

松赞干布非常生气，吐蕃和吐谷浑两国本来就有摩擦，他又听信了使者的回报，更加怨恨吐谷浑。他马上出动二十万人马

布达拉宫一景

进攻吐谷浑。吐谷浑王看吐蕃军攻势很猛，抵挡不住，就退到环海一带。

于是松赞干布又派使臣带着厚礼去长安，并且扬言："我们是来接公主的，如果不把公主嫁给我们赞普，我们的军队就要攻打长安！"

唐太宗派吏部尚书侯君集带兵讨伐吐蕃。松赞干布骄傲轻敌，结果被打得大败，

布达拉宫广场

收兵退回逻歇。松赞干布看到了唐朝的强大，既害怕又佩服。640 年，他派大相禄东赞带着黄金五千两、珍宝数百件，经过数千里的草原，再一次到长安求婚。

唐太宗有二十一个女儿，但是年龄大的已经出嫁，年龄适宜的又不愿意去，因为吐蕃地处偏远，气候寒冷，又不是同一个民族，生活习惯不一样。

唐太宗有些犯难，他不愿意强求让女儿远嫁吐蕃。有一天，他对族弟江夏王李道宗说："吐蕃国王来求婚，可我的女儿们却不愿意去，她们不明白，这桩婚姻能抵十万雄兵。"

李道宗回到府中把唐太宗的这些话向女儿说了，不料他的女儿说："既然这桩婚姻如此重要，女儿去如何？"李道宗没想到自己的女儿会主动要求去，他也同样舍不得她去，但以国事为重，还是禀告了唐太宗，唐太宗听后非常高兴，封李道宗的女儿为文成公主。

传说正在此时，其他部落也派使臣来长安求婚，他们都带着贵重的礼物，想要娶唐朝的公主。究竟把公主嫁给谁好呢？唐太宗决定出几个难题，考一考这些使臣，看看谁聪明能干，再做决定。

清晨的布达拉宫

布达拉宫的美丽传说

唐太宗把各位使臣请到宫里，拿出一颗九曲明珠和一束丝线，对他们说："你们当中谁能把丝线穿过珠子中间的孔，就将公主嫁给他的国王。"原来明珠中间有一个转了九道弯贯穿整个珠子的细孔，要将一根软软的丝线穿过去是非常困难的。

　　唐太宗让使臣们将细线从孔的这头穿到那头，使臣们都眯着眼捏着线往孔里插，显得很费劲。只有禄东赞很特别，他在孔的一头涂上蜂蜜，又将细线拴到蚂蚁的腰上，然后把蚂蚁放在孔的另一头，蚂蚁闻到蜂蜜的气味开始向孔里爬，禄东赞又对着孔不停地吹气，促使蚂蚁往前爬，于是

布达拉宫殿堂大门上
的门环

布达拉宫

蚂蚁把细线带到了孔的另一头，禄东赞赢了。唐太宗见禄东赞这样聪明，很高兴。

唐太宗又出了第二道题，他让人把使臣们带到御马场。御马场左右两个大圈，一边是一百匹母马，一边是一百匹马驹。唐太宗要求使臣们区分哪匹马驹是哪匹母马生的。使臣们想了很多办法，有的按颜色分，有的按长相分，都不对。禄东赞将母马和马驹关起来，隔了一夜，才把母马一匹一匹放出来，马驹一看自己的妈妈出来了，忙跑上去吃奶，不一会儿，全分出来了。

当天夜里，宫里钟鼓齐鸣，皇帝传话

夜色中的布达拉宫

布达拉宫的美丽传说

布达拉宫广场

各国使臣入宫。其他几位使臣急忙穿戴整齐赶到宫里。只有禄东赞想得周到，他因初到长安，路途不熟，怕回来的时候找不到路，就让随从带着红染料，在去皇宫途中的十字路口做了记号。

原来唐太宗是让各国使者到宫里看戏，看完戏，唐太宗说："你们各自归路吧，谁最先回到住处，就把公主许给谁的国王。"禄东赞有记号指引，很快就回到了住处。其他使臣由于不熟悉路途，直到天亮以后才找到住处。

禄东赞又一次取得了胜利，但唐太宗还要进行比赛。他指着远处的一堆木头说：

"明天，你们谁能分出这些木头的根部和梢头，谁就算胜利。"

次日，禄东赞赶进宫来，看见使臣们正围着木头议论纷纷。原来，这些木头的头尾看上去都一样粗。禄东赞一声不吭，指挥随从将木头全扔进湖里。很快，就见木头的一头沉入水中，而另一头却浮出水面。禄东赞手指湖面的木头说："下沉的一头是树根，上浮的一头是树梢。"

唐太宗一看禄东赞都答对了，又加出一道题，就是使臣必须在五百名用面纱蒙头的宫女中挑出文成公主。使臣们谁都

文成公主像

布达拉宫的美丽传说

没见过文成公主，这题太难了。但是禄东赞已经了解到文成公主喜欢用一种独特的香，而蜜蜂很喜欢这种香味。

辨认公主那天，禄东赞偷偷地带了一些蜜蜂，他将蜜蜂一放，蜜蜂便飞向有独特香味的文成公主。禄东赞又一次赢了。唐太宗心想，吐蕃大臣都如此聪明，能用这样大臣的国王肯定也很英明，于是将文成公主许配给松赞干布。这便是"五难婚使"的故事，在西藏被人们一代代地传诵着。

文成公主庙

在文成公主进入吐蕃的道路上，许多地名都与文成公主有所联系。青海有一座日月山，是现在青藏公路的必经之处。据说，当文成公主到达那里时，她感觉到过了这座山又是一重天了，远离家乡的愁思令其触景生情，唐太宗为了宽慰她，特地用黄金铸造了日月的模型各一个，远道送来，叫她带在身边，以免思念，从此这座山就命名为日月山。

松赞干布知道文成公主出嫁的消息后喜出望外，他高兴地说："我们先辈没有和上国通婚的先例，今天我能娶大唐公主，实在荣幸。我要为公主建一座城，作为纪念，让子孙万代都知道。"他按照唐朝建筑的风格，下令修建有 999 间殿堂的宫殿迎娶文成公主，于是在拉萨建成了布达拉宫。而松赞干布派使臣禄东赞向文成公主求婚的故事，也被生动地描绘在了布达拉宫的壁画上。

（二）六世达赖的爱情传说

达赖是西藏佛教格鲁派（黄教）中与班禅并列的两大宗教领袖之一。全称为"达赖喇嘛"。达赖是蒙古语"海"的意思，喇嘛是藏语"上人"的意思。这个称号最初是明代蒙古可口俺答口赠给三世达赖索

仓央嘉措像

布达拉宫

布达拉宫仓央嘉措像

南嘉措的尊号。顺治十年 (1653 年)，清世祖福临正式册封达赖五世罗桑嘉措为"达赖喇嘛"，承认达赖在西藏的政治和宗教地位。

在历代达赖中有一位与众不同，他就是六世达赖仓央嘉措，是一位深受藏族人民喜爱的才华横溢的诗人。他虽然位居藏传佛教政教最高领袖之尊，却写下了大量清新优美而又直言不讳的情歌。

在西藏政教合一居于领导地位的黄教，历来以戒律严格而著称，可是仓央嘉措的情歌却几百年来在藏区广泛流传。藏族是一个信仰佛教的民族，但无论男女老

布达拉宫广场上国旗飘飘

少都会唱而且爱唱仓央嘉措的情歌。

仓央嘉措在 15 岁时才被接到拉萨迎立为六世达赖喇嘛。仓央嘉措生活的时代，是西藏历史上的多事之秋。在他出生以前，葛举教派（白教）掌握着西藏的统治权，对黄教实行压制剪除政策。

五世达赖葛桑嘉措与四世班禅罗桑曲结联合蒙古势力，密召和硕特部首领固始汗率蒙古骑兵进藏，一举推翻白教王朝，建立了以黄教为主的噶丹颇章王朝，确立了黄教在西藏三百多年的统治。后又经清朝皇帝的册封，达赖喇嘛成为西藏至高无上的政治领袖。但蒙军入藏，也造成了固

布达拉宫

始汗操纵西藏实权的后果，导致了其后几十年激烈的权力斗争。

1679年，年事已高的五世达赖为防自己死后大权旁落，任命桑结嘉措为第巴（即藏王）。三年后，五世达赖圆寂。第巴"欲专国事，秘不发丧，伪言达赖入定，居高阁不见人，凡事传达赖之名以行"。

十五年后，在清朝康熙皇帝的追问和指责下，第巴才将五世达赖的死讯和仓央嘉措作为转世灵童的消息公开。仓央嘉措就是在这种政治、宗教和权力斗争的旋涡中被推上了六世达赖的宝座。

布达拉宫远景

布达拉宫的美丽传说

对于仓央嘉措来说，布达拉宫无异于一座金色的监狱

但是，仓央嘉措对政治权力和宗教权力都没有兴趣。进宫之后，他有达赖之名，却无达赖之实，作为一个政治斗争的傀儡，他根本无法左右自己，而普通人的生活早已给他打上了不可磨灭的烙印，他思念家乡的一切，春花秋月，燕飞云飘，都会引起他对美丽故乡和少年时代那无忧无虑时光的深深眷恋。

仓央嘉措于 1697 年被推上了西藏政权领袖的宝座，同时也被推进了复杂的政治旋涡中。在这种没有歌声，没有琴声，没有鸟叫，不能大哭，不能大喊，更不能大叫的地方，他每天看到的只是一副副虔诚的脸，听到的是有着六字真言的诵经声。他厌烦了这里的一切，他很苦恼但又无法与之抗争，只能用诗歌来宣泄心中的一切。

对这位孤独而又聪颖的少年来说，壮丽辉煌的布达拉宫无异于一座金色的监狱。在布达拉宫，仓央嘉措被严格监督学经修道。无止无休的经文常常使他心生厌倦，走出庭院散心。

布达拉宫一角

而那些年老的经师则亦步亦趋地跟随着他，恳求他继续学经，生怕被藏王责骂。仓央嘉措既讨厌那些空洞呆板的功课，又同情那些经师的处境，常常为此凄然泪下。毫无疑问，能够被选为一个神王，他的悟性是极高的，然而他总是心猿意马，不能潜心入静。

自由自在惯了的他无法终日待在这阴暗而空寂的殿里，于是就偷偷地溜出去玩。他在八廓街处认识了一位美丽的少女，名叫达娃卓玛，达娃卓玛容貌美丽，性情温柔，嗓音甜美，一双又黑又亮的大眼睛散发着迷人的魅力，看一眼就能把人醉倒。

仓央嘉措和她相知相爱，好像一个人是另一个人的影子。六世达赖为他的情人写下这样的诗句："在那东方山顶／升起

布达拉宫的美丽传说

布达拉宫珍藏的佛像

皎洁月亮／玛吉阿米的面容／渐渐浮现心上。"玛吉阿米在藏语里是未婚的少女之意。

一位宗教领袖因为爱情而成了诗人。仓央嘉措的诗句在西藏广为流传。他为爱情付出的代价是：成了历届达赖喇嘛中唯一一位被中央政府正式下令废黜的达赖！

权力的较量必然以一方彻底失败而告终，在争夺西藏统治权的斗争中，第巴桑结嘉措终于决定先下手为强了！他秘密派人在拉藏汗（固始汗之孙，其时当权）的饭中下毒，却不知怎么被发现了。

拉藏汗大怒，立刻调集大军击溃藏军，

杀死第巴桑结嘉措，并致书清政府奏报桑结嘉措的谋反罪行，又报告说桑结嘉措所立的六世达赖仓央嘉措沉溺酒色，不理教务，不是真正的达赖，请予贬废。康熙皇帝于是下旨："拉藏汗因奏废桑结所立六世达赖，诏送京师。"

九年的宫内生活使仓央嘉措饱受精神之苦，此时此刻，他很坦然，因为不论怎样的方式，对他来说都是一种解脱。对宫中的一切，他没有任何留念，丢不下的只是他那一卷卷流光溢彩的诗篇。

然而，令人奇怪的是，尽管仓央嘉措品行有瑕，拉萨三大寺的长老们没有一个

青藏高原上的神灵——牦牛

人认为仓央嘉措是假的，至多说他"迷失菩提"。拉藏汗只好强行押送仓央嘉措去京城。

仓央嘉措动身时，为他送行的人们泪流满面。在人们请求达赖为一切众生祈祷的乞求声中，他的身前堆满了数不清的洁白的哈达。蒙古兵走过哲蚌寺时，僧侣们舍命从蒙古兵手中将仓央嘉措抢回。拉藏汗闻之，即调兵攻打哲蚌寺，喇嘛死伤甚

转经筒

转起经筒，口念真言，可
以祈福

重。仓央嘉措生不忍之心，说："生死于
我已无所谓。"言罢，独自径直前往蒙古
军中。

但是最后他在青海神秘消失，他的结
局也如其诗句一样凄美迷离。据说拉萨八
廓街上有栋黄房子，正是少女达娃卓玛居
家之地。这栋黄颜色的小楼骄傲地存在并
成为某种象征。

二、布达拉宫的建筑历史与建筑特色

晨雾笼罩下的布达拉宫

布达拉宫位于西藏自治区首府拉萨市西北郊区约两千米处的一座小山上。在当地信仰藏传佛教的人民心中，这座小山犹如观音菩萨居住的普陀山，因而用藏语称此为布达拉（普陀之意）。布达拉宫重重叠叠，迂回曲折，同山体融合在一起，高高耸立，壮观巍峨。宫墙红白相间，宫顶金碧辉煌，具有强烈的艺术感染力。它是拉萨城的标志，也是西藏人民巨大创造力的象征，是西藏建筑艺术的珍贵财富，也是独一无二的雪域高原上的人类文化遗产。

（一）悠久的历史，恢弘的建筑

"布达拉"或译"普陀珞珈"，都是梵语的音译，意为"佛教圣地"。

617 年，吐蕃第三十二代赞普松赞干布诞生，他"弱冠嗣位"，但精明干练，在他父亲囊日松赞建业的基础上，先后征服了素称强悍而富庶的苏毗、羊同等部落，进而统一了西藏各部，建立了历史上强大的奴隶制政权的吐蕃王朝。

638 年，松赞干布派专使到唐朝请婚，但是唐朝拒绝了吐蕃的求婚。松赞干布非常愤怒，致书唐太宗："如果你不同意把公主嫁给我，我就要亲自率领五万军队，攻占唐国并杀死你，夺取公主。"

布达拉宫梵语意为佛教圣地

布达拉宫的建筑历史与建筑特色

布达拉宫精致的门环及彩带

为此，双方曾在松州发生过短暂的战争，这次争斗以松赞干布的失败而告终。这是双方一次重要的军事冲突，使松赞干布对唐朝的军事实力有了初步的了解，于是引兵撤退，马上"遣使谢罪"。太宗也认为若与吐蕃修好，有利于西部边疆的稳定，可以保证唐西域商路的畅通。

640年，松赞干布派遣吐蕃著名的大相禄东赞率领由百人组成的庞大使团入唐请婚，向唐太宗进献黄金五千两及其他许多珠宝为聘金。禄东赞曾经多次受命出使唐朝，博得了唐朝政府的敬重，经过他的不懈努力，唐太宗以汉藏民族友好为重，答应将文成公主嫁给吐蕃赞普。

641年，太宗派遣礼部尚书江夏王李道宗护送文成公主入藏。松赞干布亲自远迎于札陵湖畔，向李道宗敬行"子婿之礼"。松赞干布自豪地对王室成员说："我父祖未有通婚上国者，今我得大唐公主，为幸实多！当为公主筑一城以夸示后代。"（《旧唐书》）

为了尊重汉族的风俗习惯，也为了让文成公主生活得像在长安一样舒适愉快，松赞干布在逻歇城专门为公主修建了一座

水面倒映着美丽的布达拉宫

华丽的唐式宫殿，并与文成公主举行了隆重的婚礼。因为松赞干布把观世音菩萨作为自己的本尊佛，所以就用佛经中菩萨的住地"布达拉"来给宫殿命名，称作"布达拉宫"。

文成公主自 17 岁进藏，56 岁去世，在吐蕃生活了 39 年。松赞干布 25 岁时迎娶文成公主，34 岁时去世，他和文成公主共同生活了 9 年。此间，汉藏双方始终保持着友好的关系，从未发生过纠纷。

649 年，唐太宗李世民去世，高宗李治即位，派遣使者入藏发丧并授松赞干布"驸马都尉"，封"西海郡王"。松赞干

布达拉宫的建筑历史与建筑特色

松赞干布与文成公主、尺尊
公主像

布闻讯特派使节赴长安吊祭，致书唐朝宰相长孙无忌："天子初即位，若臣下有不忠之心者，当勒兵以赴国除讨。"

松赞干布同时还进献金银珠宝，请求陈列在太宗灵前，表明自己珍视汉藏民族的情谊并履行应尽的职责。650年，松赞干布去世，高宗为之举哀，并派人入蕃吊祭，为他树石像一座于唐昭陵中。

松赞干布时期修建的布达拉宫有大小房屋一千间，但是在赤松德赞统治时期遭遇雷火烧毁了一部分。后来在吐蕃王朝灭亡时，宫殿也几乎全部被毁，仅有两座佛堂幸免于战火。随着西藏的政治中心移至

布达拉宫曾一度处于破
败之中

萨迦，布达拉宫也一直处于破败之中。

此后，藏传佛教噶当教派高僧琼布扎色、噶举教派楚布噶玛巴德辛协巴、络鲁教派始祖宗喀巴等不同教派代表人物在此举行过讲经等佛事活动。17世纪中叶，蒙古和硕特部领袖固始汗领兵进入西藏，推翻了噶玛丹琼旺布政权，于1642年，由五世达赖喇嘛建立了噶丹颇章政教合一政权。拉萨又成为西藏政治、宗教、经济及文化的中心。

1645年，五世达赖喇嘛为了巩固噶丹颇章地方政权，重建了布达拉宫白宫及宫墙城门角楼等，三年后竣工。1653年，五

布达拉宫的建筑历史与建筑特色

世达赖入住宫中。从这时起，历代达赖喇嘛都居住在这里，重大的宗教和政治仪式也都在这里举行，布达拉宫由此成为西藏政教合一的统治中心。

1682年五世达赖去世后，为安放灵塔，1690—1693年掌管西藏事务的第巴桑结嘉措继续扩建宫殿，为五世达赖喇嘛修建灵塔，形成红宫。在红宫修建时，除了本地工匠，清政府和尼泊尔政府也都派出匠师参与，每天的施工者多达7700余人。整个布达拉宫到1693年基本完工，总共历时48年，耗资约白银213万两。

五世达赖像

布达拉宫

十三世达赖喇嘛在位期间，又在白宫东侧增建了东日光殿和布达拉宫山脚下的部分附属建筑。1933年十三世达赖喇嘛圆寂，1934至1936年间修建十三世达赖喇嘛灵塔殿，与红宫结成统一整体。从17世纪开始的布达拉宫重建和增扩工程至此全部完成。

经过一千三百多年的修建历史，布达拉宫形成现在的规模。整个建筑占地面积13万平方米，主楼高达117米，大小房间两千余间。布达拉宫作为历代达赖喇嘛的驻锡地和西藏政教合一政治中心，它内部

布达拉宫广场上的建筑

布达拉宫的建筑历史与建筑特色

主要由达赖喇嘛宫殿、佛殿及僧院各政权机构三大部分组成。

布达拉宫是藏族文化的巨大宝库，宫内珍藏的各类历史文物和工艺品数量繁多。据初步统计，现有玉器、瓷器、银器、铜器、绸缎、服饰、唐卡共七万余件，经书六万余函卷。

建国以来，国家领导都十分重视对布达拉宫的保护与修建。因为布达拉宫建筑本身具有高度的历史、艺术和科学价值，宫内保存了大量的珍贵文物，布达拉宫不仅反映了藏族优秀传统文化艺术的特点，

布达拉宫主楼高达 117 米，十分宏伟

布达拉宫

布达拉宫是藏族文化的
巨大宝库

更反映出了藏汉以及其他许多民族文化的
交流及融合，是中华民族团结友爱、共创
人类文明的历史见证。

（二）布达拉宫的建筑艺术

布达拉宫是数以千计的藏传佛教寺庙
与宫殿相结合的建筑类型中最杰出的代
表。众多的建筑虽属历代不同时期建造，
但都十分巧妙地利用了山形地势来修建，
使整座宫寺建筑显得非常雄伟壮观而又十
分协调完整，在建筑艺术的成就上达到了
无与伦比的高度，构成了一项建筑创造的
杰作。

布达拉宫夜景

　　布达拉宫既是我国藏族人民智慧和伟
大创造力的集中表现，也是融建筑与雕
塑、绘画、金属制品为一体的艺术综合体，
它体现了所处时代的理想、情趣和精神风
貌，此后这里一直作为西藏政治和宗教的
中心。

　　布达拉宫依山垒砌，群楼重叠，殿宇
嵯峨，气势雄伟，有横空出世、气贯苍穹

之势。坚实墩厚的花岗石墙体，松茸平展的白玛草墙，金碧辉煌的金顶，具有强烈装饰效果的巨大镏金宝瓶、幢和经幡，交相辉映，红、白、黄三种色彩的鲜明对比，分部合筑、层层套接的建筑型体，都体现了藏族古建筑迷人的特色。

墙体檐部砌筑"白玛"草墙，涂染绛红颜料，上饰祥麟法轮、八瑞相、七政宝

布达拉宫金顶一角

布达拉宫享有"世界屋脊上的明珠"的美誉

等饰物，加上造型各异的金顶、胜利幢、毛氅、宝瓶等装饰物，充分展现了整个建筑浓郁的民族文化。

布达拉宫规模庞大，气势宏伟，依山势而建，由白宫、红宫两大部分和与之相配合的各种建筑所组成，是我国古代建筑艺术的杰出代表，享有"世界屋脊上的明珠"的美誉。

布达拉宫是藏传佛教寺庙与宫殿建筑相结合的例证。藏传佛教寺庙建筑主要体现了藏族传统的碉楼房体系，木石结构的特点，同时又吸取了内地殿堂建筑中的梁架、斗拱、藻井、歇山顶和屋脊形式，并

融汇了印度、尼泊尔富有宗教特色的装饰。宫殿的设计和建造根据高原地区阳光照射的规律，墙基宽而坚固，墙基下面有四通八达的地道和通风口，宫内的柱梁上有各种雕刻，墙壁上的彩色壁画面积有 2500 多平方米，形成了风格迥异的藏式建筑形式。

整个建筑既有汉族的传统结构，又有藏族的雄伟外观。布达拉宫由吐蕃时的藏王宫殿演化成后世达赖喇嘛驻锡的宫院，不仅继承了吐蕃的建筑传统，而且吸取了佛殿的建筑艺术。

它在建筑艺术上具有鲜明的特点和个性：善于从各种结构、构图、风格的矛盾

布达拉宫由中间的红
宫和两侧的白宫及山
脚下的辅助用房组成

对比中择取最佳方案，它还通过各种关系
和比例的艺术处理，达到了"中和"之美
的意境。布达拉宫是由中间的红宫，两侧
的两组白宫以及山脚下的碉房式辅助用房
(藏语称"雪")组成的宫堡群。它们之
间由许多碉楼、城墙相连，高低错落，前
后参差。在宫殿群中央外墙涂红色部分为
红宫，是历代达赖喇嘛举行宗教活动的主
要场所，成为布达拉宫的寺庙部分。白宫
及其"雪"则作为在世达赖喇嘛的宫殿、
政府机构、僧官学校以及"雪"内的监狱、
印经院、作场、马厩等，是达赖喇嘛进行
政治活动和生活起居的重要场所，成为布

达拉宫的宫殿部分。

宫殿寺院建筑和周围的环境保持和谐统一，使布达拉宫成为一处无可比拟的风景，它依山就势，高低错落，把人文景观融入自然景观，给人以丰富的美感。布达拉宫取法自然，依山舒展，因势结缘，不讲究中轴对称，也不讲究黄金比例。

在满足实用的前提下，建筑师运用敞、闭、开、遮、曲、转、俯、仰等手法，创造了曲折幽深的内部空间，给人以步移景异的美感享受。根据坡、凹、沟、壑、坪等不同的地势条件，生成若干大小不同的

布达拉宫依山就势，与周围环境融为一体

布达拉宫的建筑历史与建筑特色

房间，若干房间又连成一楼、一院、一群，内部井然有序，外部和谐统一。

在空间组合上，分层合筑，层层套接，院落重叠，回廊曲栏，因地制宜，主次分明，既突出了主体建筑，又协调了附属的各组建筑。建筑上下错落，前后参差，形成丰富的空间层次，极富音韵节奏美感，又在视觉上加大了建筑的体量和高耸向上的心理感受，是我国古代建筑群体组合和序列转换成功的范例。

布达拉宫大量地运用了建筑艺术的法则。建筑单体和群体，局部和整体之间，

布达拉宫分层合筑，层层套接，形成丰富的空间层次

布达拉宫

**布达拉宫体现了藏族
古建筑的特色**

以及内部各部分之间配合布置的相互关系，构成了建筑形象的基础。建筑一方面受功能、技术、经济等要素的制约，另一方面又被赋予美的属性，因而要求它具备一定的形式美法则。

形式美中的统一、均衡、对称、对比、韵律、比例、尺度、序列、色彩等法则体现于建筑构图原理之中，使建筑变成一个视觉艺术的综合体。运用形式美创造内部空间和外部体形是综合性很强的艺术创作，布达拉宫在形式美法则的运用上达到了得心应手的地步，取得了巨大的艺术成就。

布达拉宫的建筑历史与建筑特色

雕刻精美的石柱

其中，艺术上对比手段的运用最为显著。建筑师运用了大量的色彩对比手段使布达拉宫更加绚丽多姿。特别是白宫外墙大面积的白色，使人们联想到附近山峦终年不化的皑皑白雪和天空中飘拂的朵朵白云，而红宫外墙的深红色，又与白宫外墙的白色形成了鲜明的色彩对比。

从造型上看，布达拉宫为宫堡式建筑群。与内地一些大型宫殿、坛庙建筑不同的是，它的空间序列不是在水平方向上推进，而是在自下而上的垂直方向上逐级提高。建筑师在向上步步升高的建筑空间序列中，巧妙地运用了先大后小、先抑后放、明暗相间、曲折多变等多种形式美的对比手法，使整个宫殿建筑抑扬相称，富于变化，形成鲜明的韵律美。

艺术上的这种对比，在布达拉宫的建筑上随处可见。如外墙面的峻峭挺拔与水平檐口的舒展平缓所形成的形式对比；红宫顶部的质感柔软的红色饰带，与镶在它上面的巨大铜质镏金饰物形成的色彩对比；外部墙面粉饰红、白、黄、黑等颜色，对比强烈醒目，突出了藏民族的建筑装饰艺术效果。整个建筑群与周围环境的对比，

布达拉宫金顶一角

以及处处呈现出的华贵与朴实、细腻与粗拙、人工与自然等等的对比，都强化了布达拉宫的崇高与神圣，同时也给人们带来艺术上的审美愉悦。

布达拉宫主体建筑的东西两侧分别向

三、布达拉宫的主体建筑

红宫是历代达赖喇嘛的灵塔殿

下延伸，与高大的宫墙相接。墙的东、南、西侧各有一座三层的门楼，在东南和西北角还各有一处角楼。宫宇叠砌、迂回曲折、同山体有机地融合，这是布达拉宫给人最为直接的感受，也是它最突出的特点。其主楼有13层，自山脚向上，直至山顶。整体建筑主要由东部的白宫(达赖喇嘛居住的部分)、中部的红宫（佛殿及历代达赖喇嘛灵塔殿）及西部白色的僧房（为达赖喇嘛服务的亲信喇嘛居住）组成。在红宫前还有一片白色的墙面为晒佛台，这是每当佛教节庆之日，用以悬挂大幅佛像的地方。

（一）达赖喇嘛的灵塔殿——红宫

红宫位于布达拉宫的中央位置，宫墙全由花岗岩砌成，厚达一米以上，为红色。平顶上方建有七座金瓦屋顶，屋脊及宫墙四缘女墙上饰有巨大的镏金宝幢和红色经幡，具有明显的藏式风格。

红宫最主要的建筑是历代达赖喇嘛的灵塔殿，共有八座，各殿形制相同，规模不等，其中以五世达赖喇嘛灵塔殿最大。八座灵塔殿内分别供奉着八位达赖喇嘛的灵塔，他们是五世达赖罗桑嘉措、七世达

红宫宫墙全部由花岗岩砌成

布达拉宫的主体建筑

五世达赖灵塔

赖噶桑嘉措、八世达赖强白嘉措、九世达赖隆朵嘉措、十世达赖楚臣嘉措、十一世达赖凯珠嘉措、十二世达赖成烈嘉措、十三世达赖土登嘉措。

六世达赖仓央嘉措于清康熙四十五年（1706年），在被"解送"北京的途中，逝世于青海海滨。另说仓央嘉措在解送途中舍弃名位，周游各地，后死于五台山。由于六世达赖卒地不明，遗体无影，故布达拉宫没有修建他的灵塔。

五世达赖的灵塔是宫中最早最大的金塔。始建于1690年，竣工于1693年，高14.85米，分塔座、塔瓶和塔顶三部分，

灵塔内葬有五世达赖的肉身。灵塔共享纯金 3724 公斤包裹，所镶各种珍贵的金钢钻石、红绿宝石、翠玉、珍珠、玛瑙等奇珍异宝 1.5 万多颗，价值在黄金的十倍以上。

殿内有粗壮的方形木柱，上承托大斗和双层十字斗拱，梁头斗拱沥粉描花，堂内悬挂着丝绸的幢幡、华盖，地面遍铺毛织毯。塔前供奉着金灯、金水碗、明清瓷器、各式法器等供器。

十三世达赖灵塔及灵塔殿建于 1934—1936 年，是宫内建筑最晚、价值最高的一座灵塔。塔高 14 米，据《十三世达赖灵塔移交清册》记载，塔身用纯金 118870 两，

布达拉宫的主体建筑

十三世达赖土登嘉措灵塔

灵塔上镶嵌着大量钻石、珍珠、松耳石、珊瑚、玛瑙等珠宝翠玉，为八座灵塔中价值最高的一座。

殿内最出色的陈设是灵塔前供奉的珍珠塔（藏语称曼扎，喇嘛教法物），是将二十多万粒珍珠、玛瑙、珊瑚等珠宝用金丝串缀而成的。殿内的壁画绘有十三世达赖一生的主要活动，其中1908年赴京朝见慈禧太后和光绪皇帝的画面放在显要位置。

灵塔西有"司西平措"，是布达拉宫最大的殿堂，是五世达赖喇嘛灵塔殿的享堂，也是布达拉宫最大的殿堂，面积725

平方米，殿内保存有康熙皇帝所赐的大型锦绣幔帐一对。传说康熙皇帝为了织造这对幔帐，曾专门建造了工场，并费工一年才得以织成。

整个殿堂雕梁画栋，有壁画 698 幅，有当年修建红宫时的情景，还有当时藏族人民的生活习俗，如赛马、射箭、摔跤等。

从西大殿上楼经过画廊就到了曲结竹普（也就是法王修法洞），这是布达拉宫最古老的建筑之一，法王禅定宫，藏语称曲吉卓丰，是布达拉宫的最高点。此宫建于 7 世纪中叶，是松赞干布静坐修法之处。

布达拉宫壁画

布达拉宫的主体建筑

文成公主庙

现在，佛堂内供有松赞干布、文成公主、尼泊尔尺尊公主、大臣禄东赞塑像，均为7世纪时期的泥塑，形象逼真，表情自然。文成公主像塑的是一位美丽、善良的汉族妇女形象。佛堂后的小白塔坐落在红山山尖之上，又恰好是布达拉宫的中心，真是巧夺天工。

红宫内最高宫殿名叫萨松朗杰（殊胜三界殿），殿内供奉着一块用藏、汉、满、蒙四种文字书写的"当今皇帝万岁万万岁"的牌位，牌位上方所供为清乾隆皇帝的画像，周围有金刚持、宗喀巴等塑像。

南佛堂（仁增拉康），又称持明殿。

殿内主要供奉宁玛派祖师莲花生像，高 2.3
米，重 970 两，银质，17 世纪作品。莲花
生像左右是莲花的八个化身像。殿内佛座
上装饰有木雕孔雀、共命鸟、象、狮子等，
有很高的艺术价值。

南佛堂供奉的莲花生像

北佛堂（仲热拉康），又称世系殿，
殿内供奉释迦牟尼像和五世达赖像。释迦
牟尼像高 2.28 米，重 1679 两，纯金制作；
五世达赖像高 2.55 米，纯银制作，均为 17
世纪塑造。此外，还有三世佛、八药师佛、
一世至四世达赖像等三十余尊塑像。

圣者佛殿，又称观音佛堂，藏语称帕
巴拉康，位于法王禅定宫楼上，是布达拉

布达拉宫的主体建筑

檀香木质观音菩萨像

宫最早建筑之一。这里主供的帕巴洛格夏日佛，即观音菩萨塑像，高 1.18 米，以檀香木雕刻而成，是 7 世纪时松赞干布从尼泊尔和印度交界处迎到西藏的，距今已有一千三百七十多年的历史。

据传这尊华丽精美的观音是檀香树自然长成的，这尊塑像是布达拉宫的"镇山之宝"。达赖五世曾在此修行，殿内还有八尊顺治皇帝赐给五世达赖的檀香木雕佛像，佛殿前悬挂着"福田妙果"匾额，为清同治皇帝的御书。

除此之外，红宫内还有一些重要的办事机构和僧院，它们一同成为红宫不可缺少的组成部分。

　　益仓勒空，位于红宫第三层南侧，为原西藏地方政府的主要机构之一，亦翻译为宗教事务局，始建于1752年，系为当时七世达赖喇嘛保管经书文件的机构，后改为总管各级僧官的孜益仓勒空。其职责是总管达赖喇嘛所辖各寺院的教规及各级僧官和寺院堪布、执事的任免，按照达赖喇嘛的吩咐，草拟颁布的训令、各寺庙的戒规等，也为摄政王和司伦草拟下发文件。达赖喇嘛和摄政王的印章也由该机构管理。受噶厦委托，由该机构的四位负责

布达拉宫"之"字形上山蹬道

布达拉宫的主体建筑

殊胜三界殿内供奉的"当今
皇帝万岁万岁"牌位

人会同孜康的四位负责人一起组成孜仲会议，这八名负责人主持全藏大会，该机构还负责僧官学校的管理。

尊胜僧院位于红宫西庭院东侧，现为布达拉宫香灯师举行集体佛事活动的场所。尊胜僧院是布达拉宫唯一的僧院，也是历代喇嘛所设的僧院。此僧院最早由三世达赖喇嘛索南嘉措于1574年在拉萨哲蚌寺所建。当时这里只有二十几名僧侣。五世达赖喇嘛为了加强此僧院的新旧密乘佛事活动，在重建布达拉宫后，将其搬迁至宫内。第巴桑结嘉措扩建红宫时，又扩建了尊胜僧院。

布达拉宫墙体

尊胜僧院的主要佛事活动是每年在殿内轮流进行退敌天母、时轮金刚、密集金刚、胜乐金刚和大威德金刚等本尊的修供仪轨。每当藏历十二月二十九日，在布达拉宫东庭院内，都要举行隆重的年终跳神送鬼等佛事活动。

亚谿楼位于红宫北侧，是一座两层藏式楼房，从七世达赖喇嘛起，在历世达赖喇嘛册封后，清朝政府对达赖喇嘛家族的主要成员亦册封为公爵等头衔，原地方政府还分给他们庄园，这些人便进入西藏的大贵族亚谿家族。

因布达拉宫的佛事管理规定布达拉宫

布达拉宫的主体建筑

布达拉宫壁画及雕饰

的主体建筑内妇女及无关人员禁止留宿，故专为达赖喇嘛的亚豁家族在红宫内修建了住宅、伙房、马厩等设施齐备的楼房。

（二）达赖喇嘛生活的场所——白宫

白宫从东西南三面与红宫衔接，因外墙为白色而得名。白宫共有七层，是达赖喇嘛生活、起居的场所，也是原西藏地方政府的办事机构所在地。

东、西日光殿及孜噶位于布达拉宫白宫顶层，是达赖喇嘛生活起居、办理日常事务的地方。由于顶层的起居室有一部分屋顶敞开，阳光可以射入，因此得名"日光殿"。西日光殿由福地妙旋宫、福足欲聚宫、喜足绝顶宫、寝宫和护法殿组成，十三世达赖喇嘛的寝宫曾在此。东日光殿主要是由喜足光明宫、永固福德宫、护法殿、长寿尊胜宫和寝宫组成，十四世达赖喇嘛的寝宫曾在此。十四世达赖原来的器具殿堂里现在仍然摆着纯金佛像、玉雕观音、线装经卷、钟表以及其他许多珍玩。

达赖喇嘛的日常活动由内侍系统管理。基巧堪布由一位三品僧官担任，其主要职责是统管达赖喇嘛的全体内侍，转送

布达拉宫建筑十分大气

布达拉宫的主体建筑

奏文和批文。

达赖喇嘛的膳食由司膳堪布负责，下辖厨师等二十余人。达赖喇嘛寝宫、禅室的服饰和器具等，由司寝堪布负责，下辖管理员和轿夫等二十余人。达赖喇嘛寝宫、禅室的经书、法器以及佛事活动等，由司祭堪布负责。司祭堪布还直接管理尊胜僧院的法纪。

孜噶为藏语音译，是布达拉宫传达室，即专门负责向达赖喇嘛转呈报告和向下传达指示发布命令的事务机构。机构设在布达拉宫和罗布林卡日光殿的门外过道处，

布达拉宫广场上的经幡

布达拉宫

酥油

实际是达赖喇嘛跟前孜仲们吃僧茶的聚集处。孜噶首脑是"孜堪仲钦哇"即秘书长，或称"卓尼钦莫"，下设孜准十六人和侍卫四人。

相传，钦僧官茶始于五世达赖喇嘛时期，那时侍奉达赖喇嘛的僧人数量很少，均常驻于布达拉宫，酥油和糌粑等饮食由西藏地方政府供给，后逐步相沿成习。钦僧官茶的时间每天约两小时，此时也正是达赖喇嘛进行政教活动的时间。每天上午十一点，全体孜仲、雪郭、值班噶伦（在罗布林卡时轮流值班的噶伦）、抬轿头人等会聚到孜噶处钦僧官茶，按照职务入座，

布达拉宫夜景

届时由"森噶"维持秩序。

王宫和雪噶分别位于白宫第六层东侧中间和南侧，王宫是历届摄政王的住处。摄政王一般是在前任达赖喇嘛圆寂，新任达赖喇嘛尚未执政时期行使西藏最高政教权力。摄政王下面设有传达机构雪噶，该机构是在七世达赖喇嘛圆寂后，由第穆诺门汗·德来嘉措活佛任摄政王时创建的。

雪噶由南卓四品僧官负责，内设雪卓

五品俗官四名、侍卫两名。其主要职责是把地方各级呈报（除了必须呈报达赖喇嘛的以外）上送摄政王批准，再由南卓下达噶厦执行。在摄政王执政期间，各级僧俗官员、各寺堪布与执事等在上任前和离任后以及外出或返回时，均需经该机构向摄政王票报或辞行，并详细记录备案。

极乐室位于白宫第六层南侧西端，是原西藏地方政府噶厦的办公地点。噶厦机构重建于 1751 年。当时七世达赖喇嘛上奏

布达拉宫金顶饰物

布达拉宫的主体建筑

清朝乾隆皇帝，正式设置噶厦，并被赐予大印。从此，噶厦统管西藏的政治、经济、文化和军事等各项事务达二百余年，是原西藏地方政府最高权力机构。

此机构由一名僧官噶伦和三名俗官噶伦共同组成，内设两名噶仲噶厦秘书和三名噶卓噶厦传达官分别负责，行使职权。噶厦下属的主要办事机构有由僧官组成的人事审计处。其直属机构有藏军司令部、财政部门、立付局、粮务部门、农业局、建设局、拉萨市政府、拉萨专区、社会调查局、邮电局和藏医院等。

立付局位于白宫第五层过廊的南侧，

布达拉宫背面是龙王潭

布达拉宫

现为布达拉宫的经书库房。该机构是收支物资的部门。白宫第五层过廊东侧的北立付室和第六层过廊西侧的上立付室均属立付局。此机构由两名四品僧官、一名四品俗官负责，内设俗官孜仲一名，管理小吏的头人一名，其他人员二十余名。其主要职责是收管日常所需的金银财宝和生活用品。按照有关规定，地方政府日常支出的三分之一由该机构负责。同时，负责布达拉宫的房管和大的佛事活动，还要管理布达拉宫各殿香灯师、房管人员、门卫和清洁工等。

仓库管理局，现为布达拉宫的一般仓库。该机构由四名五品俗官负责，设一名

雄伟的布达拉宫白宫墙体

文书，还有二十余名工作人员。该机构每年从原地方政府粮库收取粮食和钱款，负责支付布达拉宫各殿的供品和一些佛事活动所需物品，每年一次性地按等级发给布达拉宫一百多官吏以及房管人员、清洁工、门卫等粮食，还负责提供每天早茶时所需物品。

主内库位于白宫第五层西侧，是原西藏地方政府设在布达拉宫内的金银库房，现为布达拉宫的库房。从五世达赖喇嘛起，按规定每年把原地方政府的金、银适量入库。每年约有四十万两白银入库。大、小昭寺会同时把原地方政府需要布施的金银从此库支付。出入库时，由噶厦、堪布仓和益仓勒空的要员共同监督，并将结果呈报达赖喇嘛。

僧官学校位于布达拉宫东庭院东侧，是一座四层藏式碉楼。该校于1754年由七世达赖喇嘛噶桑嘉措创建。有一名教授书法的孜仲即僧官老师和由敏珠林寺选派的

白宫远眺

布达拉宫的主体建筑

一位精通教授兰查文、乌尔都文、恰译师新形藏文字体、郭译师新形藏文字体以及语言学、诗词、声律、藏文语法《三十颂》《音势论》和阴阳历算等的老师。

学生分公、私两类，色拉寺、哲蚌寺、甘丹寺和其他分寺选送的学生称为公派学生，从各寺或僧官隶属自愿进校的学生称为私读学生。由老师挑选品德优良和聪慧者五十余名，报孜益仓勒空批准录取。学员毕业后，逐步转为原西藏地方政府低级官吏"孜仲"。

白宫外部有"之"字形的上山蹬道。作为藏传佛教的圣地，每年到布达拉宫的

白宫"之"字形上山蹬道

布达拉宫

朝圣者及旅游观光者总是不计其数，当地香客参拜布达拉宫都从正门沿着"之"字形的石阶拾级而上，而旅行者多数会选择先从西门走到山顶再一路下来，这样能够省下很多体力。

东侧的半山腰有一块宽阔的广场，这是达赖喇嘛观看戏剧和举办户外活动的场所。白宫在红宫的下方与扎夏相连，扎夏是为布达拉宫服务的喇嘛们的居所，最多时居住着僧众2.5万人。由于它的外墙也是白色的，因此通常被看做是白宫的一部分。

"雪"意为下方，专指山上城堡正下方的村镇。雪城，是对布达拉宫正面下方

四、布达拉宫的雪城和宫内的塔像

建筑的总称。雪城是布达拉宫总体建筑群的有机组成部分，其历史与布达拉宫同样久远。

雪城东西长 317 米，南北宽 170 米，占地面积 5 万多平方米。现存古建筑 22 处，总面积 33470 平方米。雪城是布达拉宫建筑体系的重要组成部分，从其功能划分，主要有三类：一是三大领主（地方政府、贵族和寺院）设立的集行政、司法、监狱、税收、铸币等职能为一体的办公场所；二是为统治者提供生活服务的机构；三是僧俗贵族、官员的宅院及低等职员、工匠、

布达拉宫脚下的雪城建筑

布达拉宫

农奴的住所。

白宫、红宫和雪城一同构成了布达拉宫的全貌，在这座辉煌的宫殿之中，珍藏着重要的佛教文化遗产，带给人们无限的慨叹，其中便有极具历史价值的塔像。

（一）布达拉宫的雪城机构

布达拉宫前坡下侧的城郭是布达拉宫建筑群的重要组成部分。

此城东、西、南侧置围墙，围墙顶部内侧有人行道可通角楼和东、西、南门楼。南门有砸石孔、放箭孔等防御设施。东角

布达拉宫脚下的雪城全景

布达拉宫

布达拉宫设有砸石孔、放箭孔等防御设施

楼的"蕃东康"，原为布达拉宫的制香厂。每年底，按规定将特制的香上交布达拉宫，供达赖喇嘛寝宫专用。其他角楼和门楼分别兼做军粮库和诵经室。雪城内还建有东西印经院、藏军司令部、雪巴勒空、印币厂、监狱、马厩、奶牛圈、奶制品作坊和酒店等附属建筑，后来还有部分贵族住宅。

雪巴勒空位于布达拉宫雪城内，是一座藏式楼房。是原西藏地方政府主管拉萨政法的机构，1675年由摄政王第司洛桑金巴创建。雪巴勒空建筑面积5280平方米，为三层密肋平顶楼房，共32间。

底层和二层北面为储存粮食的仓库。

布达拉宫的雪城和宫内的塔像

布达拉宫雪城

二层南面为办公场所，三层原有四间房，其中北侧三间是进行长寿仪轨的地方，西侧一间为管理人员住房。雪巴勒空东南各有一扇大门。当时，该机构只管理雪城围墙内外的治安，后逐步扩大为管理拉萨及附近十八个黔卡的税收和治安。

除重大案件须报噶厦处理外，一般性案件皆由此机构自行处理。其主事由一名六品级僧官和两名俗官担任，管理人员下有小管家两名、税收房管人员一名、干事二十名、用人二十五名。雪巴勒空是三大领主用来统治、镇压广大劳动人民群众的工具。该机构原称雪聂列空。初建时其管

布达拉宫

辖范围和职责仅限于"雪"围墙内外的治安，后逐渐扩大。雪巴勒空主管行政官员称"雪尼"，意为"雪"之管理者。由两名五品级的僧、俗官员和一名列赞巴级俗官协办组成（一僧二俗）。

旧西藏沿用的《十三法典》、《十六法典》，把人分成"三等九级"，上等人的命价为等身的黄金，而下等人命如草芥。依据法典，农奴可以任意转让，可以对农奴和奴隶挖眼、抽筋、割舌、砍手、剁脚，从高山推下摔死，用牛皮包身投入水中淹死，立即杀死等。依据这样的法典，对劳

布达拉宫雪城监狱旧址文物

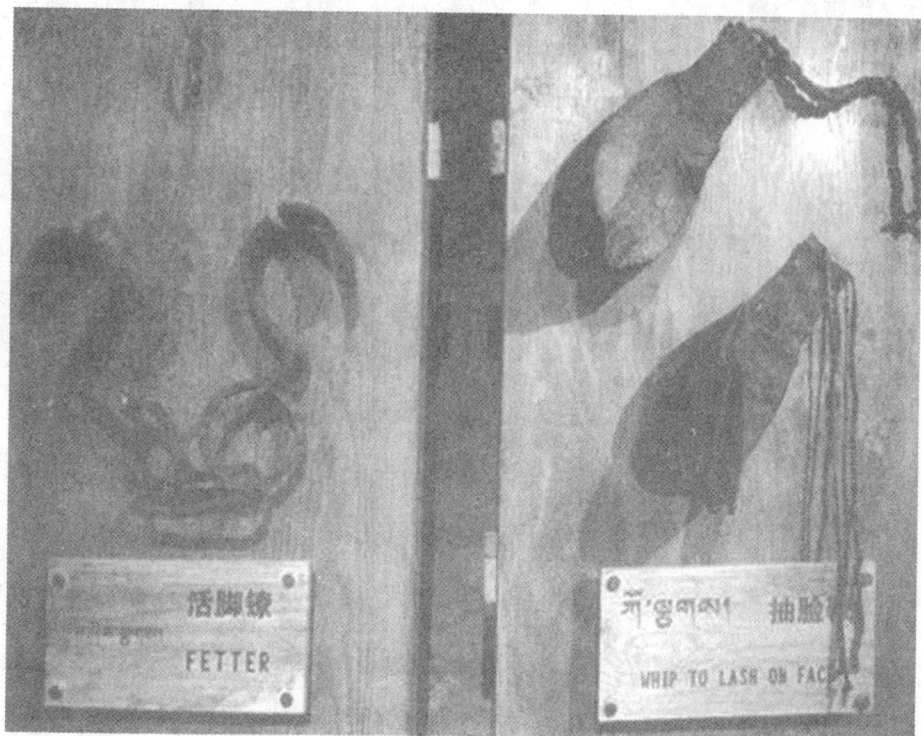

布达拉宫的雪城和宫内的塔像

布达拉宫雪城修复效果图

动人民实行严厉的非人酷刑，是雪巴勒空的重要职能。

据统计，雪巴勒空每年都要发布大量叛处犯人和征缴各种苛捐杂税的告示，却没有为发展经济和改善人民生活发布过一个告示，其反动黑暗本质由此可见一斑。

横征暴敛是雪巴勒空的又一职能。这里设有一个永远也填不满的粮库，专门囤积从拉萨及附近十八个宗谿征收的小麦、青稞、豌豆、肉、糌粑、酥油、青油、奶渣，以供统治阶级享用。雪巴勒空要负责布达拉宫厨房所用食品的供应，还要负责拉萨河堤的维修和管理。

布达拉宫藏军司令部
旧址

　　藏军司令部位于布达拉宫前坡下侧的雪城内东北侧，为一座藏式楼房。1913年，十三世达赖喇嘛封拉萨军务总管堪仲强巴丹达为噶伦喇嘛，兼任昌都总管；封贴身侍卫擦绒·达桑占堆为扎萨，兼任总司令，正式成立了军事司令部。

　　起初，司令部有文书两名、一般僧官两名和从各军营中抽调的丁本数名。主要职责为统管西藏地方军队，经噶厦批准后向各地驻军配发武器、弹药等军事装备。

　　藏军军官如本的任免由司令部报请噶厦批准，甲本、丁本的任免由司令部决定。司令部内的军统机构由四品僧、俗官员各

布达拉宫的雪城和宫内的塔像

布达拉宫广场上的喷泉

一名负责，有工作人员十余名。西藏地方正规军始建于 1790 年。根据《钦定藏内善后章程》的规定，西藏建立了一支三千人的军队，并按照清军体制编成四个军营。

布达拉宫前坡下侧的雪城内有两处印经院，即东印经院和西印经院。东印经院，

宫墙上精美的装
饰物

藏语称"噶甘平措林"。始建于五世达赖
喇嘛时期，与布达拉宫白宫基本属于同期
建筑。东印经院由印经堂、藏经库、孜仲
住室等建筑组成。主体建筑是藏式两层楼
房，底部为印经堂，用于刻版、印刷等。
二层中间是天井，四周九间房屋，供印经

布达拉宫的雪城和宫内的塔像

雪城印经院

院主持"孜仲"和工作人员居住。印经堂东侧是两间藏经库。经版均保存在东印经院，经版所印的经书原存噶厦政府的档案中，但后来经版和经书均流失。

西印经院位于城墙内的西北角，1924年为存放那塘版《甘珠尔》而兴建。主体建筑依山脚而筑，高五层，底层为库房，二层为藏经殿，三层为印经殿。

院内所藏的经版仅《甘珠尔》的全套刻版就有四万八千多块，还有大量各地调来和新刻的经版。1919年，在布达拉宫后侧还扩建成了后印经楼。

宝藏局造币厂位于布达拉宫雪城东北

角，为庭院式二层建筑。底层两间紧邻的房屋，内间设置铸币机，外间为动力车间。宝藏局是旧西藏地方政府在中央政府的批准、监督和管理下，铸造货币的场所。

据史料记载，西藏地方使用真正意义的钱币，始于吐蕃松赞干布以后。至元代前，西藏与内地经济往来密切，中原地区的白银大量流入西藏，白银逐渐成为西藏地方的一种货币。

元代，中央政府不仅调运大量白银入藏，而且还发行可兑换白银的宝钞、交钞，与白银同时流通，西藏各地从此开始遵行

正在维修的雪城西印经院

布达拉宫的雪城和宫内的塔像

中央政府颁行的货币制度。作为中央行使权力的度量衡制度也随白银的流通在西藏通行开来。

至清代，随着中央政府对西藏管理制度的完善，以及西藏地方经济贸易的发展，为从根本上解决西藏的钱制问题，乾隆帝下旨在藏制定钱法、设立钱局，由驻藏大臣督制管理，于是造币厂在雪城上建立起来。

雪堆白造像厂位于雪城西门外。此处最初为楚普噶举派红帽系的四层楼寺院，后改建成二层厂房，并称为堆白勒空，系

西藏造币厂钱币

布达拉宫

雪堆臼造像厂制作的
佛像工艺品

手工技艺部门。主管官员有六品僧官二人，并有根据技艺水平而被规定享有官员待遇的正副师傅等。

手工技艺主要包括金、银、铜、铁的铸造和木器车削等。匠人们具有在金属器皿上雕制立体花饰，用模子打制突起的花纹和刻制浅线花纹，镶嵌金、银细丝等手艺。各种藏式器皿一般均能制做，共有工匠数百人。17世纪五世达赖喇嘛时期，形成了手工机构。

1754年，七世达赖喇嘛时期，建立了手工团体，并取名"堆觉白其"造像厂。拉萨地区各寺院和私人需要制造塑像及法

布达拉宫的雪城和宫内的塔像

龙王潭公园

器时均要向厂部申请批准后方能制造。布
达拉宫的绝大多数塑像以及法器等都出自
此造像厂。

龙王潭位于布达拉宫北坡山下。龙王
潭，藏语称"宗角禄康"，与布达拉宫北
门有阶道相通，是五世达赖罗桑嘉措修建
布达拉宫时，从山脚大量取土而形成的大
水潭，也是拉萨著名的园林建筑之一，现
辟为龙王潭公园。面积约 5 平方千米，潭
水中有一孤岛，面积仅 1000 平方米，呈
不规则圆形，直径约 42 米，六世达赖喇
嘛在潭中按藏传佛教仪轨中的坛城模式建
一座龙宫，并架一座长 20 余米，宽 3 米

多的五孔石桥与外界相通。龙宫又名"水阁凉亭"，最早是五世达赖修法处，以后改建为龙宫，供奉龙王，为祀天祈雨的地方。

（二）布达拉宫的塔像

7世纪佛教由印度、汉地传入西藏，一千三百多年来藏族人民凭借着他们的勤劳智慧与卓越的艺术天分，在世界屋脊上创造了辉煌的西藏佛教艺术。藏传金铜佛像作为雕塑艺术的一个主要门类，成就骄人，在我国古代雕塑艺术之林中绽放着奇异光彩。

雕塑在藏传佛教的寺庙殿堂中具有至关重要的地位，布达拉宫内的雕塑千姿百态，分布十分广泛，不仅分布在宫内各大殿堂，甚至在走廊上亦可以见到。

布达拉宫内各式各样的上师、本尊、菩萨和佛等的雕塑像，称为"古丹"（藏文音译），古丹是信徒崇拜的象征物。信徒通过崇拜这些象征物，在心中激发起一种对佛法的热诚，以便获取善业功德。因此，为了塑造一个个使信徒崇拜的偶像，从事佛教造像的匠师们要准确无误地按照上师所规定的度量尺寸来进行塑造，使之

布达拉宫收藏的
精美佛像

布达拉宫的雪城和宫内的塔像

089

红宫弥勒佛殿主供
强巴佛

更加适应藏传佛教的要求。

修建红宫时，第巴桑结嘉措在《南瞻部洲惟一庄严目录》中，对造像尺度作了几种归纳。规范的造像尺度便形成藏传佛教造像的共同特点，这也就是布达拉宫雕塑像的共同特点。

此外，佛的顶光、身体外射光以及法座、座背所配饰物的大体布局如下：法座表面装饰图案及珠宝，其上还以对称的珍禽神兽为饰（一般双狮居多，尚有双孔雀、双大象等）。法座上的月亮表示菩提心，太阳表示皆空，莲花表示厌离心。

座背除了顶光，身体外射光环内一般

有六个明显的装饰物（又称座背六灵）。这些装饰物分别是两侧对称的妙翅鸟大鹏，大鹏的双爪扯着一条大蛇；其下各有一位上半身为人形、下半身为龙体的水精龙女；龙女之下为神鳄；神鳄之下为披叶的童子；童子之下为独角兽；独角兽之下为捧座六生灵（即狮子、大象、骏马、孔雀、共命鸟和大力士）之一。布达拉宫内的雕塑像从质地上划分，有泥（合药浆）、石、木、骨、铜、银、金、合金和水晶等。

如果再从大小上划分，这些塑像小到几厘米高，大至几米高不等。布达拉宫主要殿堂和宫室内的雕塑像众多，其中重要

布达拉宫的雪城和宫内的塔像

法王洞泥质塑像

的有红宫中的法王洞、世系殿以及响铜殿。

法王洞里的泥塑像为布达拉宫早期的雕塑像，其造型特点与其他雕塑像有所不同。法王洞里的六尊泥质塑像相传是吐蕃松赞干布时期所造。这些早期的雕塑品以现实人物为对象，造型异常生动，富有个性。

其中有英武精干的法王松赞干布、聪明机敏的文成公主、稳健贤惠的尺尊公主、英俊潇洒的王子孔日孔赞、智慧圆满的吞米桑布扎、精于谋算的禄东赞。

红宫的世袭殿主供的释迦牟尼12岁金质塑像，耗黄金52.47公斤。释迦牟尼面相慈善，神态安详，眉如初月，眼如弯弓，眉间有白毫，左手捧佛钵，右手垂膝，双足结跏趺坐于莲花座中央。

此殿所供的另一尊主像为五世达赖喇嘛银质塑像，耗白银 38.94 公斤。五世达赖喇嘛相貌坚毅，神态端庄，头戴通人冠，身穿僧衣，右手当胸施礼供印，左手捧宝轮，双足结跏趺坐于法台上。红宫里还保存有松赞干布、文成公主及其大臣、一世至四世达赖喇嘛像。此殿东侧有坐东朝西的萨迦派查育洛色上师像，西侧有十一世达赖喇嘛灵塔。

世袭殿主供纯金制成的释迦牟尼像和银质五世达赖像

布达拉宫的雪城和宫内的塔像

响铜佛殿珍藏的金铜佛像

在布达拉宫金碧辉煌的红宫内有一座小殿堂——利玛拉康，即响铜佛殿。这是一处进深不宽的狭长殿堂，面积不大，没有高大的佛像、灵塔，亦没有华丽的装饰，不大为人注意，游人们往往匆匆而过，实际上这里是收藏珍贵佛像的宝库，是布达拉宫金铜佛像精华的汇聚之地。

藏传金铜佛像雕塑工艺有两种：铸造与打制。大多数是金属浇铸的圆雕佛像，使用材料多为各种铜合金，一般分为红铜、黄铜、青铜，实际上所用铜的种类很多，藏语称为"利玛"，《藏汉大词典》解释其意"指各类响铜制，又特指东印度铜佛像"。西藏众多大寺院都有利玛拉康，收藏寺内的贵重佛像。

布达拉宫响铜佛殿珍藏的金铜佛像有三千多尊，数量众多，精品荟萃。佛像基本为一米以下的中小型，小佛像易于保藏，得以长久流传。其内有大量古代佛像珍品，具有题材丰富、历史悠久、地域广泛、艺术风格多样的鲜明特点。

其中既有汉地所造佛像，也有印度、尼泊尔古佛像，最多的当然还是西藏各个时期的佛像精品，多彩多姿的艺术风格、精美绝伦的工艺技巧令人叹为观止。传世的藏传铜像数量极大，论数量质量难有出其右者，恐怕只有北京故宫的皇家收藏堪与其媲美。

如松赞干布坐像，高 38 厘米。此像身着翻领大袍，雕刻团龙花纹，全跏趺坐在圆垫上，禅定姿态，面容英俊年轻，器宇轩昂。缠头高冠中露出阿弥陀佛小像。阿弥陀佛作顶髻是观音菩萨的标志，也是松赞干布的形象特征，俗称双头王，表明他是观音的化身。

藏族艺术家以佛教菩萨形象塑造松赞

松赞干布塑像

布达拉宫的雪城和宫内的塔像

文成公主、尺度公主和蒙萨赤嘉塑像

干布敬奉如神，表达对这位民族英雄的憧憬，造像年代如与布达拉宫法王洞松赞干布塑像相比是较晚期的作品。

虽然西藏地处世界屋脊，地理环境独特，但它并不是一个封闭的高原。华夏文化、印度文化、中亚文化都在这里交光互影。藏传佛教历史悠久，流传地域广泛，藏传金铜佛像艺术形式的变化折射出多种艺术来源的相互影响，因此多种地域风格是它的突出特点。

藏族艺术家们善于吸收汉地、印度、尼泊尔、中亚各地的艺术营养，兼容并蓄，博采众长，伴随着佛教艺术的交流，许多印度、尼泊尔等地的古佛像，在西藏保存下来，布达拉宫响铜殿中藏有不少这类珍品。

例如自在观音菩萨像，红铜镏金，高32厘米，是尼泊尔10世纪作品。观音左腿盘坐，右腿曲起，姿态闲适自如。头戴宝冠，顶立阿弥陀佛，袒胸斜披长帛，装饰简约，下着贴体长裙，没有凸起的衣褶，用刻线表现衣褶与花纹。形象庄严祥和，气韵沉雄，生动表现了观音菩萨大慈大悲的本性。

西藏佛教艺术与尼泊尔艺术有着密切

藏传佛教祖师宗喀巴座像

布达拉宫的雪城和宫内的塔像

布达拉宫远眺

联系，特别是 13 世纪后印度佛教灭寂，印度佛教艺术对西藏影响甚微，使尼泊尔艺术影响更为深广，不仅在西藏，而且扩大到中原内地。

元代尼泊尔匠师阿尼哥随八思巴国师来到大都，长期主持宫廷绘塑之作，以其卓越技艺受到朝廷重用，凡两京寺观之像多出自其手，他把尼泊尔、西藏的金工技艺及佛像传播内地，留下一段中尼友好的千古佳话。

布达拉宫所有宫殿、佛堂和走廊的墙壁上，都绘满了壁画，周围还有各种浮雕。

五、布达拉宫——文化艺术的宝库

松格廊廊道内雕梁画栋

壁画和雕塑大都绚丽多彩，题材主要有高原风景、历史传说、佛教故事和布达拉宫建造场面等，具有较高的历史和艺术价值。

宫内收藏了大量文物珍宝，有各式唐卡（佛教卷轴画）近万幅，金质、银质、玉石、木雕、泥塑的各类佛像数以万计。此外还有历代达赖喇嘛的灵塔，明清皇帝的敕书、印玺，各界赠送的印鉴、礼品、匾额和经卷，宫中自用的典籍、法器和供器等。其中如金汁书写的《甘珠尔》、《丹珠尔》（两者都是藏文的《大藏经》）、贝叶经《时轮注疏》、释迦牟尼指骨舍利、清朝皇帝御赐的金册金印等都堪称稀世珍宝，价值连城。

（一）珍贵的壁画

布达拉宫的建成，显示出我国古代藏族人民建筑艺术的优秀传统和独特风格。它集中体现了藏族人民在绘画、雕塑和特种工艺等各方面高度的艺术成就。其中，壁画是这座艺术宝殿的重要组成部分。

现存最早的"曲杰查布"佛殿里，一千三百多年前的壁画至今色泽艳丽。但是，几百年以来，藏传佛教绘画的主体画面没有显著变化，其原因是藏传佛教的传播者上师按照佛教经典，规定了一整套严格的偶像绘画的度量尺度，画师们只能在这个框架之中来发挥和创作。

有鉴于此，布达拉宫的壁画严格按照《绘画度量经》的规定尺寸并灌顶，特别注意了绘画的流派风格和形式特点。

到了 7 世纪，法王松赞干布统一西藏，西藏绘画艺术进入了繁荣时期。在布达拉宫法王洞东壁下方发现的壁画，用笔古拙遒劲，人物形态丰满，色彩鲜艳饱和，无疑是吐蕃松赞干布修建布达拉宫时留下的遗作。

在这些画面上还发现了画师们巧妙利用人物面部轮廓来表现一面双脸的特殊技

修复壁画的匠人

布达拉宫——文化艺术的宝库

经幡飘飘

巧。

17世纪中叶，在对布达拉宫进行扩建时，新修的红宫内的壁画均出自藏传佛教中门唐派和堪孜派画家之手。门唐派和堪孜派是藏传佛教绘画的两大派别，后来两派逐渐融为一体，称为门堪派。

门唐派是多扎杰巴的弟子、西藏山南门唐地区著名的艺人门拉·顿珠嘉措创立。门拉·顿珠嘉措撰有专著《造像量度如意珠》。他所创立的门唐画派具有色彩艳丽、对比强烈、刻画细致和富丽堂皇的风格，被誉为西藏的正统画派。

堪孜派由西藏公嘎岗堆巴地区的堪孜

钦姆创立。堪孜派受天竺和泥婆罗的影响较大，具有色彩灰暗、构图饱满、人物造型丰满、装饰性强的艺术风格。随着时间的推移，在门堪派的庞大系统之中，又出现了各种不同的绘画风格，不仅保持和继承了藏族的传统技艺，而且吸收了印度、尼泊尔和汉族的艺术风格，具有独特的艺术韵味。

明清以来，藏族的绘画艺术又有了新的发展。在布达拉宫的修建和以后的扩建中，集中了西藏地区各画派的优秀画师从事壁画的创作。在漫长的岁月中，完成了

藏传佛教壁画

布达拉宫——文化艺术的宝库

数以万计的壁画作品，使布达拉宫成为名副其实的艺术之宫。

布达拉宫的壁画琳琅满目，美不胜收。大小殿堂、门厅、回廊等墙面无不绘有壁画，仅西大殿二楼画廊就有壁画698幅。壁画取材多样、内容丰富、技法工细、色泽明艳。就壁画题材而言，有表现历史人物、历史故事方面的；也有表现宗教神话、佛经故事方面的；还有表现建筑、民俗、体育、娱乐等富有生活气息的画面。

历史人物画有吐蕃王朝时期的赞普松赞干布、赤松德赞等；有各代达赖喇嘛、班禅喇嘛和西藏历史上有影响的人物桑结嘉措、拉藏汗等人的肖像。这些肖像画都画得十分传神，不仅着力刻画人物的外貌，而且还注意到表现人物的内在性格。

历史故事画是以史实为依据，表现西藏重要的历史题材。如白宫门廊北壁的文成公主进藏图。这幅壁画分成"使唐求婚""五难婚使""长安送别""公主进藏"等画面，生动地记录了贞观十五年，大唐与吐蕃的联姻史实，讴歌了藏、汉民族间血肉相连的关系。

红宫西大殿的五世达赖喇嘛朝见顺治

布达拉宫五世达赖朝见顺治帝壁画

布达拉宫——文化艺术的宝库

皇帝图和十三世达赖灵塔殿内的十三世达赖喇嘛进京觐见图，都反映了清朝时期西藏地方和中央政府之间重要的政治活动。

布达拉宫壁画表现宗教神话、佛经故事的题材，具有浓厚的神秘色彩，是宗教意识最集中、最形象化的表现。

这类壁画每组画往往都安排一尊大型佛像或菩萨像作为壁画的中心，构图严谨、线条简练、色彩富丽，具有鲜明的藏族艺术风格。

布达拉宫里的壁画是藏传佛教绘画中的经典之作，其表现手法极为丰富。例如，

布达拉宫壁画往往都以一尊佛像或菩萨像为中心

布达拉宫

白宫西日光殿喜足绝顶宫内的屏式人物画像，笔精而有神韵，常与真人等身。在红宫西有寂圆满大殿的壁画中，有采用俯视构图的大幅画面，场面宏大，人物众多，构图饱满，颇为壮观。

布达拉宫壁画皆为藏传佛教绘画的经典之作

特别引人注目的是那些以表现建筑、民风民俗、体育娱乐等内容为主的富有生活气息的壁画。在建筑题材的壁画中，可以看到大批工匠在聚精会神地叠石砌砖；成千上万的民工抬着巨木，背着沉重的石块，艰难地一步步爬上山坡；森林中有正在砍伐树木的人群、工场里的工人在冶炼加工各种用于建筑的零件。

布达拉宫——文化艺术的宝库

这是17世纪时修筑布达拉宫的画面，对研究西藏古代营造施工技术的历史来说，是十分珍贵的形象资料。

反映民风民俗和体育、娱乐的壁画中，有骑射、角力、游泳、奏乐、舞蹈以及农耕、狩猎、舟渡等。人物形象栩栩如生，生活气息十分浓厚。

西藏的壁画艺术经过长期的演变和发展，形成了独具风格的表现形式和艺术风格。有的以单幅画表现一个主题，有的则用横卷的形式把一个个画面连续起来。大部分采用对称手法，平面展开，运用了我

西藏的壁画表现形式和艺术风格独具特色

布达拉宫

国传统绘画散点透视的表现方法，用笔有力，线条匀称。

在白宫西日光殿的福足欲聚宫所绘的五世达赖喇嘛业迹图内采用了散点透视，整个画面用"之"字形布局，以山石、树木、行云、流水相间，使全图既独立成章又整体连贯。在西日光殿的福地妙旋宫的宝座后壁绘有苏坚尼布国王的故事图，其中就有采用平远透视构图绘成的小幅人物图。

布达拉宫壁画

在红宫上师殿和七世达赖喇嘛灵塔殿内还有采用正视排列而绘成的千尊佛像，庄严肃穆，富有神秘变幻之感。布达拉宫的壁画由于主要采用了当地的矿物质颜料，加之拉萨的充足阳光和干湿适中的环境，状况一般都保存良好，可以在上百年的时间内色泽如新。

在布局方面，由于疏密得当，画面繁而不乱。西藏地区的壁画尽管在构图、设色、结描等方面，都受到汉族绘画的影响，但是人物形象的活泼多姿，在一定程度上也吸收了尼泊尔和印度绘画的某些表现方法。

更主要的是，西藏古代艺术家们能运用本民族固有的文化艺术，并融合外来文

布达拉宫——文化艺术的宝库

唐卡是最富有藏族特征的一个画种

化的影响，创造出具有鲜明、强烈的民族风貌的藏族绘画。布达拉宫的壁画艺术正是集中代表了藏族绘画艺术的精华。

（二）丰富多彩的唐卡

"唐卡"系藏语音译，它是最富有藏族特征的一个画种。

唐卡绘好之后，要在画心四边缝裱绸缎，藏语称"国镶"，国镶四边的大小均有一定的讲究。国镶的下幅长度占画面部分的二分之一，下幅显得稍长，还有好多唐卡在画面的四周有两道红色或黄色的丝带贴面，藏语称"彩虹"。

有时在国镶的下幅中央可以看到一块绚丽精美的锦缎，这块锦缎可以是任何颜色，任何形状。锦缎位于唐卡下幅的中央，叫做"郭嘎"或"托居"。有时在国镶的上幅中央也有一块锦缎。

国镶缝制好后，要在唐卡上下边里穿"唐心"和"止心"的圆木棒，将唐卡的底边卷好将其撑住。根据唐卡的大小确定"唐心"的粗细。一般"唐心"的长度与唐卡的宽度基本相同，"止心"两端可较唐卡宽度再长出3厘米，两边还套有大多为檀香木、金、银所作的轴。有了"唐心"之后，把唐卡卷起来就方便多了，故唐卡又称卷轴画。

据记载，两千多年前，佛陀释迦牟尼的第一张画像是在王舍城的影坚王为回报

唐卡不仅仅局限于佛教题材，内容十分丰富

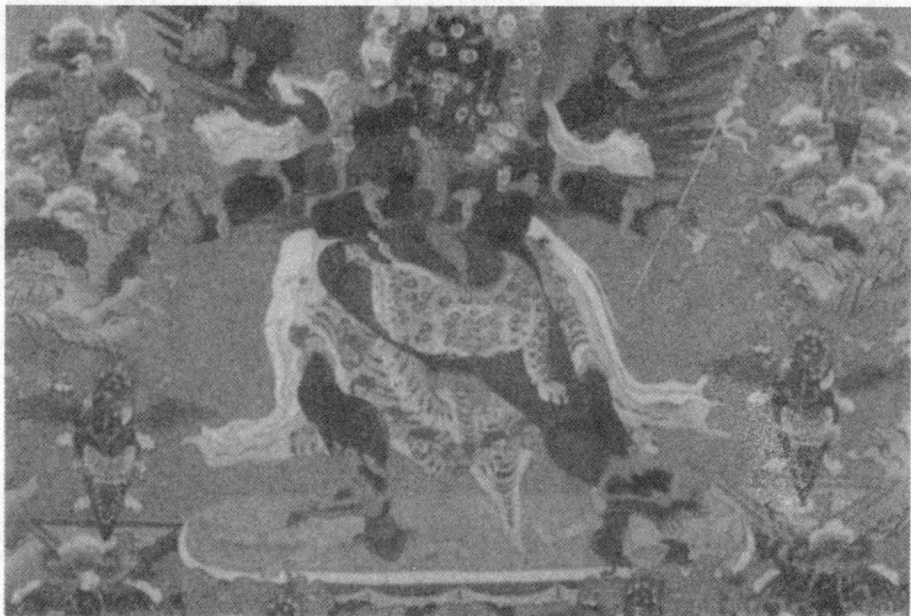

布达拉宫——文化艺术的宝库

唐卡

扎初的乌扎衍那王，经佛陀同意后，回赠乌扎衍那王的佛画像。7世纪佛教传入西藏前，西藏原始苯地教——"苯教"出现以后，有了苯教的一些特有图案。但是由于没有文献等资料，无法确定当时是否有唐卡绘制。

根据《西藏王统记》《青史》等史料可推测，西藏绘画艺术的起源与佛教的传入和发展是同步的。《大昭寺目录》记载："法王松赞干布用鼻血绘制了一幅吉祥天女的画像。"虽然此像已失传，但可以推测7世纪后已经开始出现西藏本地的绘画唐卡。

赤松德赞和热巴巾时代佛教势力兴

盛，建造乌香多无比吉祥增善寺的时候，从内地、印度、尼泊尔等地请来一大批画师，由此绘画艺术在很大程度上得到发展。到了五世达赖喇嘛时期，唐卡绘画达到顶峰，各种流派、风格大量涌现。内地也出现各种织锦类的唐卡，可见民族文化艺术已互相渗透并日趋成熟。

唐卡有的是单幅，如各种佛像、菩萨像以及西藏佛教大师、各代达赖喇嘛、班禅喇嘛的肖像画。也有成套的，如反映佛传故事、宗教教义或神话传说等题材。这类唐卡有浓郁的宗教气息，也可以说是宗教画。

但唐卡的内容不仅仅局限于宗教题材，还有相当一部分是取材于西藏历史故事、生活习俗、天文历算和藏医藏药等题材。唐卡历来被藏族人民视为珍宝。

布达拉宫保存有近万幅唐卡，唐卡通常高一米左右，大的可达几米、几十米。宫内珍藏的唐卡大部分是明清以来西藏地区各画派著名画师的作品。

布达拉宫唐卡内容繁多，既有多姿多态的佛像，也有反映藏族历史和民族风情的画面。西藏唐卡构图严谨、均衡、丰满、

绘有佛像的单幅唐卡

布达拉宫——文化艺术的宝库

刺绣唐卡

多变，画法主要以工笔重彩与白描为主。

　　唐卡的品种和质地多种多样，但多数是在布面和纸面上绘制的。另外也有刺绣、织锦、缂丝和贴花等织物唐卡，有的还在五彩缤纷的花纹上，将珠玉宝石用金丝缀于其间，珠联璧合。唐卡绘画艺术是西藏文化的奇葩，千余年来影响深远。

　　刺绣唐卡是用各色丝线绣成，凡山水、人物、花卉、翎毛、亭台、楼阁等均可刺绣。织锦唐卡是以缎纹为地，用数色之丝为纬，间错提花而织造，粘贴在织物上，故又称"堆绣"。贴花唐卡是用各色彩缎，剪裁成各种人物和图形，粘贴在织物上。

　　缂丝唐卡是用"通经断纬"的方法，使用各色纬线，富于强烈的装饰性。有的还在五彩缤纷的花纹上，把珠玉宝石用金丝缀于其间，珠联璧合，金彩辉映，格外地灿烂夺目。缂丝是我国特有的将绘画移植于丝织品上的特种工艺品。这些织物唐卡，质地紧密而厚实、构图严谨、花纹精致、色彩绚丽。

　　西藏的织物唐卡多是内地特制的，其中尤以明代永乐、成化年间传到西藏的为多，后来西藏本地也能生产刺绣和贴花一类的织物唐卡了。印刷唐卡有两种，一种是满幅套色印刷后装裱的；还有一种是先将画好的图像刻成雕板，用墨印于薄绢或细布上，然后着色装裱而成的。这种唐卡笔画纤细，刀法遒劲，设色多为墨染其外，朱画其内，层次分明，别具一格。图案花纹需要处与经丝交织，视之如雕镂之象，风貌典雅，富有立体装饰效果。目前，市面上所售的多是印刷唐卡与绘制唐卡。

君友会唐卡艺术珍品西藏唐卡源远流长，内容丰富，数量可观，但由于社会的各种动乱，唐宋时期的古老绘画保存下来的唐卡已不多见。在萨迹寺保存有一幅叫做"桑结东厦"的唐卡，上画三十五尊佛像，

唐卡构图严谨，色彩绚丽

布达拉宫——文化艺术的宝库

其古朴典雅的风格与敦煌石窟中同时期的
壁画极为相似，据说是吐蕃时期的作品，
是一件极为罕见的珍贵文物。

宋代的唐卡，在布达拉宫见到三幅，
其中两幅是在内地订做的缂丝唐卡。帕玛
顿月珠巴像的下方有藏文题款，意思是说
江村扎订做这幅唐卡赠送其师扎巴坚赞。
扎巴坚赞是萨迦五祖的第三祖师，1182
年继任萨迦达钦。

另有一幅贡塘喇嘛相像，贡塘喇嘛相
生于1123年，死于1194年，他的这幅近
乎写生画的缂丝唐卡，也属宋末的作品。
还有一幅米拉日巴的传记唐卡，主要描绘
米拉日巴苦修的情节，朴实而简括的构图，

**布达拉宫精美的绘画梁
柱**

布达拉宫

据有关行家鉴定，系宋代的一幅绘画唐卡。莲花网目观音像，画面不求工细富丽，而以清秀的色彩渲染主题，堪称元代的代表作。

明清两代，中央政府为了加强对西藏地方的统治，采取敕封西藏佛教各派首领的办法，明封八王，清封达赖、班禅及呼图克图即是这种管理的具体实施。这些措施对西藏社会的安定和社会经济、文化的发展都是有利的，西藏的唐卡艺术也随之发展到了一个新的高峰。

这个时期的唐卡，数量明显增多，形成了不同风格的画派，这是西藏绘画长期发展的必然结果，也是西藏绘画艺术日趋成熟的表现。大体说来，前藏的唐卡构图

神圣的布达拉宫

严谨，笔力精细，尤擅肖像，善于刻画人物的内心世界。后藏的唐卡用笔细腻，风格华丽，构图讲究饱满，线条精细，着色浓艳，属工笔彩的画法。

从布达拉宫建成至今已经过去了上千年，独特的布达拉宫是神圣的，因为每当提及它时都会很自然地联想起西藏。在人们心中，这座凝结藏族劳动人民智慧，目睹汉藏文化交流的古建筑群，以其辉煌的雄姿和藏传佛教圣地的地位成为了藏民族的象征。

在历史的长河之中，布达拉宫留下了自己辉煌的一页，它见证了藏族人民勤劳、朴实的民族性格，展现出藏族人民的非凡才智，体现着藏传佛教在广袤的国土上得以宣传和弘扬的艰难经历，表现了藏族人民不屈不挠的品质。

总之，人们眼中的布达拉宫，不论是从其恢弘壮丽的外观，还是从宫殿本身所蕴藏的文化内涵来看，都能感受到它那深邃的意蕴。它似乎总能让到过这里的人留有深刻的印象，以后它也必将谱写出汉藏团结、共同繁荣发展的又一个华丽的篇章。

布达拉宫